Friedrich Schiller

Das Lied von der Glocke

mit 16 Illustrationen von
Ludwig Richter und einem
Nachwort von *Karl A. Fiedler*

aionas

Friedrich Schiller
Das Lied von der Glocke

aionas Verlag Weimar
2. erw. und korr. Auflage, 2017
Illustrationen: Ludwig Richter
Nachwort: Karl A. Fiedler
Coverbild: © greenpapillon - Fotolia.com

ISBN: 978-3-946571-51-3

Inhalt

Vorwort

Schillers *Lied von der Glocke* ist ein bedeutendes Kulturzeugnis, das fest mit der Bildungsgeschichte der Deutschen verschmolzen ist. Das Gedicht ist eine Komposition, der der Dichter den Lebenszyklus eines Menschen einhauchte. Der Klang der Glocke begleitet dieses Leben in all seinen Phasen von der Geburt bis zum Tod und darüber hinaus. Doch nicht nur dem Einzelnen gilt ihr Klang. Ihr Läuten gilt allen sowohl im Frieden als auch zu Zeiten des Elend bringenden Krieges, sowohl bei geselligen Freudenfesten als auch bei gesellschaftlichen Katastrophen und den Stürmen der Natur.

Die Zeiten seines Sturm und Drangs längst überwunden, beschreibt Schiller im *Lied von der Glocke* die Idee eines harmonischen, reiche Ernte tragenden Lebens im sittsamen, bürgerlichen Reigen. Zugleich ist es ein Friedenslied, das sich über die blutige Eskalation der französischen Revolution brüskiert, deren hohe Ziele für Freiheit und Gleichheit der Dichter im Blutdurst der wutentbrannten Masse ertränkt und verraten sieht.

Schiller strebte als Philosoph und Dichter nach der Einheit und Harmonie des inneren Wesens, ein erhabenes Ziel, das er der ganzen Menschheit zuwies. Danach strebte er selbst. Seine Poesie wurde zu seinem mächtigen, persönlichen Mittel, dieses Wesen zu entfalten. Bei seiner lyrischen-didaktischen Produktion ließ sich Schiller, anders als die Poeten, die ihr lyrisches Ich zum sprechen brachten, von Ideen leiten, die in seinen Gedichten als Kernbotschaft für die unterschiedlichsten Ausdrücke sittsamen Handelns erklingen.

Im *Lied von der Glocke* erlangt eine solche »Idee« mehr als in anderen lyrischen Werken Schillers plastische Gestalt. Seine Bilder, als Reflexionen zum Glockenguss präsentiert, sind ganz selbstverständlich, die geschilderten Empfindungen sind natürlich und versetzen uns so in eine unmittelbare Wirklichkeit vergangener Vorstellungswelt, mit der sich die nachfolgenden

Generationen Schillers oft unkritisch identifizierten. Es ist die lyrische Illustration seiner Vision von der »heil'gen Ordnung« in der bürgerlichen Gesellschaft. Viele Formulierungen des Textes sind in den allgemeinen deutschen Sprachgebrauch übergegangen. Andererseits sind Vorstellungen Schillers, wie sein Bild von den geschlechterspezifischen Rollen von Mann und Frau, heute überholt (wenn auch noch nicht gänzlich überwunden).

Von Schillers Nachgenerationen in den Dienst der Allgemeinheit gestellt, begleitete das Gedicht das Unabhängigkeitsstreben der Bürgerlichen und wurde – wie Schiller selbst als »Lehrer der Nation« – in das politische Zentrum der nationalen Sache gestellt, aber auch missbraucht. Kritische Äußerungen am Gedicht wurden in dieser Zeit kaum wahrgenommen. Erst nach den Weltkriegen setzte eine Revision der Klassiker und damit auch vom *Lied von der Glocke* ein. Nach der Zivilisationskatastrophe des Zweiten Weltkrieges schien das Gedicht gänzlich seinen Wert verloren zu haben. Ein Streit von Kritikern in den 1960er Jahren rückte es aber zumindest als Illustration der Bildungsgeschichte der Deutschen wieder in die öffentliche Diskussion.

Unser Buch präsentiert dieses wohl berühmteste Gedicht der Deutschen mit den Illustrationen des Spätromantikers Ludwig Richter, der zu den bedeutendsten Illustratoren des 19. Jahrhunderts zählte und allein über 150 Bücher illustrierte. Richters Werk war bestimmt von der Suche nach Harmonie zwischen Mensch und Natur. Auch Schiller strebte nach dieser Harmonie, die er als ausgewogenes Maß zwischen die bewegte Natur der Empfindungen und die reine Vernunft stellte.

Im Mittelpunkt der Nachbetrachtungen steht eine ausführliche Erörterung der Rezeption des Gedichtes im Verlauf von über 200 Jahren. Angaben zur Entstehung des Gedichtes, zum Herstellungsprozess von Glocken und Kurzbiografien über Friedrich Schiller und Ludwig Richter runden unsere Ausgabe zu einer kurzweiligen Lektüre ab.

K. A. F.
Herausgeber

Schiller's
Lied von der Glocke

in Bildern

von

Ludwig Richter

Leipzig. Alfons Dürr

W. WERTHMANN sc. DRESDEN.

Concordia.

Vivos voco
Mortuos plango
Fulgura frango
Doch der Segen kommt von Oben!

Das Lied von der Glocke

Vivos voco. Mortuos plango. Fulgura frango.

Fest gemauert in der Erden
Steht die Form, aus Lehm gebrannt.
Heute muss die Glocke werden,
Frisch, Gesellen, seid zur Hand.
Von der Stirne heiß
Rinnen muss der Schweiß,
Soll das Werk den Meister loben,
Doch der Segen kommt von oben.

Zum Werke, das wir ernst bereiten,
Geziemt sich wohl ein ernstes Wort;
Wenn gute Reden sie begleiten,
Dann fließt die Arbeit munter fort.
So lasst uns jetzt mit Fleiß betrachten,
Was durch die schwache Kraft entspringt,
Den schlechten Mann muss man verachten,
Der nie bedacht, was er vollbringt.
Das ists ja, was den Menschen zieret,
Und dazu ward ihm der Verstand,
Dass er im innern Herzen spüret,
Was er erschafft mit seiner Hand.

Nehmet Holz vom Fichtenstamme,
Doch recht trocken lasst es sein,
Dass die eingepresste Flamme
Schlage zu dem Schwalch hinein.
Kocht des Kupfers Brei,
Schnell das Zinn herbei,
Dass die zähe Glockenspeise
Fließe nach der rechten Weise.

Was in des Dammes tiefer Grube
Die Hand mit Feuers Hülfe baut,
Hoch auf des Turmes Glockenstube
Da wird es von uns zeugen laut.
Noch dauern wirds in späten Tagen
Und rühren vieler Menschen Ohr
Und wird mit dem Betrübten klagen
Und stimmen zu der Andacht Chor.
Was unten tief dem Erdensohne
Das wechselnde Verhängnis bringt,
Das schlägt an die metallne Krone,
Die es erbaulich weiterklingt.

Weiße Blasen seh ich springen,
Wohl! die Massen sind im Fluss.
Lassts mit Aschensalz durchdringen,
Das befördert schnell den Guss.
Auch von Schaume rein
Muss die Mischung sein,
Dass vom reinlichen Metalle
Rein und voll die Stimme schalle.

Taufgang.

Kindheit.

Denn mit der Freude Feierklange
Begrüßt sie das geliebte Kind
Auf seines Lebens erstem Gange,
Den es in Schlafes Arm beginnt;
Ihm ruhen noch im Zeitenschoße
Die schwarzen und die heitern Lose,
Der Mutterliebe zarte Sorgen
Bewachen seinen goldnen Morgen. –
Die Jahre fliehen pfeilgeschwind.

Heimkehr.

Vom Mädchen reißt sich stolz der Knabe,
Er stürmt ins Leben wild hinaus,
Durchmisst die Welt am Wanderstabe.
Fremd kehrt er heim ins Vaterhaus,

Begegnung.

Und herrlich, in der Jugend Prangen,
Wie ein Gebild aus Himmelshöhn,
Mit züchtigen, verschämten Wangen
Sieht er die Jungfrau vor sich stehn.

Da fasst ein namenloses Sehnen
Des Jünglings Herz, er irrt allein,
Aus seinen Augen brechen Tränen,
Er flieht der Brüder wilden Reihn.
Errötend folgt er ihren Spuren
Und ist von ihrem Gruß beglückt,
Das Schönste sucht er auf den Fluren,
Womit er seine Liebe schmückt.
O! zarte Sehnsucht, süßes Hoffen,
Der ersten Liebe goldne Zeit,
Das Auge sieht den Himmel offen,
Es schwelgt das Herz in Seligkeit.
O! dass sie ewig grünen bliebe,
Die schöne Zeit der jungen Liebe!

Wie sich schon die Pfeifen bräunen!
Dieses Stäbchen tauch ich ein,
Sehn wirs überglast erscheinen,
Wirds zum Gusse zeitig sein.
Jetzt, Gesellen, frisch!
Prüft mir das Gemisch,
Ob das Spröde mit dem Weichen
Sich vereint zum guten Zeichen.

Liebesglück.

Denn wo das Strenge mit dem Zarten,
Wo Starkes sich und Mildes paarten,
Da gibt es einen guten Klang.
Drum prüfe, wer sich ewig bindet,
Ob sich das Herz zum Herzen findet!
Der Wahn ist kurz, die Reu ist lang.

Lieblich in der Bräute Locken
Spielt der jungfräuliche Kranz,
Wenn die hellen Kirchenglocken
Laden zu des Festes Glanz.
Ach! des Lebens schönste Feier
Endigt auch den Lebensmai,
Mit dem Gürtel, mit dem Schleier
Reißt der schöne Wahn entzwei.
Die Leidenschaft flieht!
Die Liebe muss bleiben,
Die Blume verblüht,
Die Frucht muss treiben.

Die Braut.

Der Mann muss hinaus
Ins feindliche Leben,
Muss wirken und streben
Und pflanzen und schaffen,
Erlisten, erraffen,
Muss wetten und wagen,
Das Glück zu erjagen.
Da strömet herbei die unendliche Gabe,
Es füllt sich der Speicher mit köstlicher Habe,
Die Räume wachsen, es dehnt sich das Haus.

Mannesleben.

Die Hausfrau.

Und drinnen waltet
Die züchtige Hausfrau,
Die Mutter der Kinder,
Und herrschet weise
Im häuslichen Kreise,
Und lehret die Mädchen, und wehret den Knaben,
Und reget ohn Ende
Die fleißigen Hände,
Und mehrt den Gewinn
Mit ordnendem Sinn.
Und füllet mit Schätzen die duftenden Laden,
Und dreht um die schnurrende Spindel den Faden,
Und sammelt im reinlich geglätteten Schrein
Die schimmernde Wolle, den schneeigten Lein,
Und füget zum Guten den Glanz und den Schimmer,
Und ruhet nimmer.

Und der Vater mit frohem Blick
Von des Hauses weit schauendem Giebel
Überzählet sein blühend Glück,
Siehet der Pfosten ragende Bäume
Und der Scheunen gefüllte Räume
Und die Speicher, vom Segen gebogen,
Und des Kornes bewegte Wogen,
Rühmt sich mit stolzem Mund:
Fest, wie der Erde Grund,
Gegen des Unglücks Macht
Steht mir des Hauses Pracht!
Doch mit des Geschickes Mächten
Ist kein ewger Bund zu flechten,
Und das Unglück schreitet schnell.

Wohl! Nun kann der Guss beginnen,
Schön gezacket ist der Bruch.
Doch, bevor wirs lassen rinnen,
Betet einen frommen Spruch!
Stoßt den Zapfen aus!
Gott bewahr das Haus.
Rauchend in des Henkels Bogen
Schießts mit feuerbraunen Wogen.

Wohltätig ist des Feuers Macht,
Wenn sie der Mensch bezähmt, bewacht,
Und was er bildet, was er schafft,
Das dankt er dieser Himmelskraft,
Doch furchtbar wird die Himmelskraft,
Wenn sie der Fessel sich entrafft,
Einhertritt auf der eignen Spur
Die freie Tochter der Natur.
Wehe, wenn sie losgelassen
Wachsend ohne Widerstand
Durch die volkbelebten Gassen
Wälzt den ungeheuren Brand!
Denn die Elemente hassen
Das Gebild der Menschenhand.

Aus der Wolke
Quillt der Segen,
Strömt der Regen,
Aus der Wolke, ohne Wahl,
Zuckt der Strahl!
Hört ihrs wimmern hoch vom Turm?
Das ist Sturm!

Wetter=Sturm.

Rot wie Blut
Ist der Himmel,
Das ist nicht des Tages Glut!
Welch Getümmel
Straßen auf!
Dampf wallt auf!

Flackernd steigt die Feuersäule,
Durch der Straße lange Zeile
Wächst es fort mit Windeseile,
Kochend wie aus Ofens Rachen
Glühn die Lüfte, Balken krachen,
Pfosten stürzen, Fenster klirren,
Kinder jammern, Mütter irren,
Tiere wimmern
Unter Trümmern,
Alles rennet, rettet, flüchtet,
Taghell ist die Nacht gelichtet,
Durch der Hände lange Kette
Um die Wette
Fliegt der Eimer, hoch im Bogen
Sprützen Quellen, Wasserwogen.
Heulend kommt der Sturm geflogen,
Der die Flamme brausend sucht.
Prasselnd in die dürre Frucht
Fällt sie, in des Speichers Räume,
In der Sparren dürre Bäume,
Und als wollte sie im Wehen
Mit sich fort der Erde Wucht
Reißen, in gewaltger Flucht,
Wächst sie in des Himmels Höhen
Rießengroß!
Hoffnungslos
Weicht der Mensch der Götterstärke,
Müßig sieht er seine Werke
Und bewundernd untergehen.

Auf der Brandstätte.

Leergebrannt
Ist die Stätte,
Wilder Stürme raues Bette,
In den öden Fensterhöhlen
Wohnt das Grauen,
Und des Himmels Wolken schauen
Hoch hinein.

Einen Blick
Nach dem Grabe
Seiner Habe
Sendet noch der Mensch zurück –
Greift fröhlich dann zum Wanderstabe,
Was Feuers Wut ihm auch geraubt,
Ein süßer Trost ist ihm geblieben,
Er zählt die Häupter seiner Lieben,
Und sieh! ihm fehlt kein teures Haupt.

In die Erd ists aufgenommen,
Glücklich ist die Form gefüllt,
Wirds auch schön zutage kommen,
Dass es Fleiß und Kunst vergilt?
Wenn der Guss misslang?
Wenn die Form zersprang?
Ach! vielleicht, indem wir hoffen,
Hat uns Unheil schon getroffen.

Dem dunkeln Schoß der heilgen Erde
Vertrauen wir der Hände Tat,
Vertraut der Sämann seine Saat
Und hofft, dass sie entkeimen werde

Zum Segen, nach des Himmels Rat.
Noch köstlicheren Samen bergen
Wir traurend in der Erde Schoß
Und hoffen, dass er aus den Särgen
Erblühen soll zu schönerm Los.

Von dem Dome,
Schwer und bang,
Tönt die Glocke
Grabgesang.
Ernst begleiten ihre Trauerschläge
Einen Wandrer auf dem letzten Wege.
Ach! die Gattin ists, die teure,
Ach! es ist die treue Mutter,
Die der schwarze Fürst der Schatten
Wegführt aus dem Arm des Gatten,
Aus der zarten Kinder Schar,
Die sie blühend ihm gebar,

Die sie an der treuen Brust
Wachsen sah mit Mutterlust –
Ach! des Hauses zarte Bande
Sind gelöst auf immerdar,
Denn sie wohnt im Schattenlande,
Die des Hauses Mutter war,
Denn es fehlt ihr treues Walten,
Ihre Sorge wacht nicht mehr,
An verwaister Stätte schalten
Wird die Fremde, liebeleer.

Bis die Glocke sich verkühlet,
Lasst die strenge Arbeit ruhn,
Wie im Laub der Vogel spielet,
Mag sich jeder gütlich tun.
Winkt der Sterne Licht,
Ledig aller Pflicht
Hört der Pursch die Vesper schlagen,
Meister muss sich immer plagen.

Munter fördert seine Schritte
Fern im wilden Forst der Wandrer
Nach der lieben Heimathütte.
Blökend ziehen heim die Schafe,
Und der Rinder
Breitgestirnte, glatte Scharen
Kommen brüllend,
Die gewohnten Ställe füllend.
Schwer herein
Schwankt der Wagen,
Kornbeladen,

Abendruhe.

Bunt von Farben
Auf den Garben
Liegt der Kranz,
Und das junge Volk der Schnitter
Fliegt zum Tanz.

Markt und Straße werden stiller,
Um des Lichts gesellge Flamme
Sammeln sich die Hausbewohner,
Und das Stadttor schließt sich knarrend.
Schwarz bedecket
Sich die Erde,
Doch den sichern Bürger schrecket
Nicht die Nacht,
Die den Bösen grässlich wecket,
Denn das Auge des Gesetzes wacht.

Heilge Ordnung, segenreiche
Himmelstochter, die das Gleiche
Frei und leicht und freudig bindet,
Die der Städte Bau gegründet,
Die herein von den Gefilden
Rief den ungesellgen Wilden,
Eintrat in der Menschen Hütten,
Sie gewöhnt zu sanften Sitten
Und das teuerste der Bande
Wob, den Trieb zum Vaterlande!

Tausend fleißge Hände regen,
Helfen sich in munterm Bund,
Und in feurigem Bewegen
Werden alle Kräfte kund.
Meister rührt sich und Geselle
In der Freiheit heilgem Schutz.
Jeder freut sich seiner Stelle,
Bietet dem Verächter Trutz.

Friede.

Arbeit ist des Bürgers Zierde,
Segen ist der Mühe Preis,
Ehrt den König seine Würde,
Ehret uns der Hände Fleiß.

Holder Friede,
Süße Eintracht,
Weilet, weilet
Freundlich über dieser Stadt!
Möge nie der Tag erscheinen,
Wo des rauen Krieges Horden
Dieses stille Tal durchtoben,
Wo der Himmel,
Den des Abends sanfte Röte
Lieblich malt,
Von der Dörfer, von der Städte
Wildem Brande schrecklich strahlt!

Nun zerbrecht mir das Gebäude,
Seine Absicht hats erfüllt,
Dass sich Herz und Auge weide
An dem wohlgelungnen Bild.
Schwingt den Hammer, schwingt,
Bis der Mantel springt,
Wenn die Glock soll auferstehen,
Muss die Form in Stücken gehen.

Der Meister kann die Form zerbrechen
Mit weiser Hand, zur rechten Zeit,
Doch wehe, wenn in Flammenbächen
Das glühnde Erz sich selbst befreit!

Blindwütend mit des Donners Krachen
Zersprengt es das geborstne Haus,
Und wie aus offnem Höllenrachen
Speit es Verderben zündend aus;
Wo rohe Kräfte sinnlos walten,
Da kann sich kein Gebild gestalten,
Wenn sich die Völker selbst befrein,
Da kann die Wohlfahrt nicht gedeihn.

Weh, wenn sich in dem Schoß der Städte
Der Feuerzunder still gehäuft,
Das Volk, zerreißend seine Kette,
Zur Eigenhilfe schrecklich greift!
Da zerret an der Glocke Strängen
Der Aufruhr, dass sie heulend schallt
Und, nur geweiht zu Friedensklängen,
Die Losung anstimmt zur Gewalt.

Freiheit und Gleichheit! hört man schallen,
Der ruhge Bürger greift zur Wehr,
Die Straßen füllen sich, die Hallen,
Und Würgerbanden ziehn umher,
Da werden Weiber zu Hyänen
Und treiben mit Entsetzen Scherz,
Noch zuckend, mit des Panthers Zähnen,
Zerreißen sie des Feindes Herz.
Nichts Heiliges ist mehr, es lösen
Sich alle Bande frommer Scheu,
Der Gute räumt den Platz dem Bösen,
Und alle Laster walten frei.

Aufruhr.

Gefährlich ists, den Leu zu wecken,
Verderblich ist des Tigers Zahn,
Jedoch der schrecklichste der Schrecken,
Das ist der Mensch in seinem Wahn.
Weh denen, die dem Ewigblinden
Des Lichtes Himmelsfackel leihn!
Sie strahlt ihm nicht, sie kann nur zünden
Und äschert Städt und Länder ein.

Freude hat mir Gott gegeben!
Sehet! wie ein goldner Stern
Aus der Hülse, blank und eben,
Schält sich der metallne Kern.
Von dem Helm zum Kranz
Spielts wie Sonnenglanz,
Auch des Wappens nette Schilder
Loben den erfahrnen Bilder.

Herein! herein!
Gesellen alle, schließt den Reihen,
Dass wir die Glocke taufend weihen,
Concordia soll ihr Name sein,
Zur Eintracht, zu herzinnigem Vereine
Versammle sie die liebende Gemeine.

Und dies sei fortan ihr Beruf,
Wozu der Meister sie erschuf!
Hoch überm niedern Erdenleben
Soll sie in blauem Himmelszelt
Die Nachbarin des Donners schweben
Und grenzen an die Sternenwelt,
Soll eine Stimme sein von oben,
Wie der Gestirne helle Schar,
Die ihren Schöpfer wandelnd loben
Und führen das bekränzte Jahr.

Nur ewigen und ernsten Dingen
Sei ihr metallner Mund geweiht,
Und stündlich mit den schnellen Schwingen
Berühr im Fluge sie die Zeit,
Dem Schicksal leihe sie die Zunge,
Selbst herzlos, ohne Mitgefühl,
Begleite sie mit ihrem Schwunge
Des Lebens wechselvolles Spiel.
Und wie der Klang im Ohr vergehet,
Der mächtig tönend ihr entschallt,
So lehre sie, dass nichts bestehet,
Das alles Irdische verhallt.

Jetzo mit der Kraft des Stranges
Wiegt die Glock mir aus der Gruft,
Dass sie in das Reich des Klanges
Steige, in die Himmelsluft.
Ziehet, ziehet, hebt!
Sie bewegt sich, schwebt,
Freude dieser Stadt bedeute,
Friede sei ihr erst Geläute.

Entstehung des Liedes

Als Schiller im *Musenalmanach auf das Jahr 1800* das *Lied von der Glocke* erstmals der Öffentlichkeit preisgab, hatte er das Gedicht, zumindest die Idee davon, bereits über zehn Jahre mit sich herumgetragen. Schon 1788, bei seinem ersten Aufenthalt in Rudolstadt, besuchte er häufig eine am Stadtrand gelegene Glockengießerei. Hier machte er sich eine genaue Vorstellung vom Gewerbe der Glockengießer. Aber andere wichtige Arbeiten zogen ihn wieder von seinem Vorhaben ab.

Im Jahre 1797 griff er den Gedanken erneut auf und versuchte, die bereits gewonnenen Anschauungen durch das Studium technischer Werke zu erweitern. Es war das sogenannte Balladenjahr, in dem sich Schiller und Goethe gemeinsam dem lyrischen Fach zuwendeten und einige der schönsten deutschen Balladen wie Goethes »Der Zauberlehrling« oder »Der Gott und die Bajadere« und Schillers »Der Handschuh«, »Der Taucher« oder »Der Ring des Polykrates« entstanden.

Auch das *Lied von der Glocke* beabsichtigte Schiller in diesem Jahr zu vollenden. An Goethe schrieb er am 7. Juli 1797: »Ich bin jetzt an mein Glockengießerlied gegangen, und studiere seit gestern in Krünitzens Enzyklopädie, wo ich sehr viel profitiere. Dieses Gedicht liegt mir sehr am Herzen, es wird mir aber mehrere Wochen kosten, weil ich so vielerlei verschiedene Stimmungen dazu brauche und eine große Masse zu verarbeiten ist.« In der genannten Enzyklopädie fand Schiller detaillierte Angaben zum Herstellungsprozess einer Glocke. Aber durch eine Erkrankung und die Arbeit an einem Musenalmanach wurde er erneut gestört, so dass er die Arbeit an dem Lied auf später verschob.

In einem Brief an Goethe am 30. August tröstete sich Schiller: »Indem ich diesen Gegenstand noch ein Jahr mit mir herumtrage und warm halte, muss das Gedicht, welches wirklich keine kleine Aufgabe ist, erst seine wahre Reife erhalten.« Dieses »Herumtragen« dauerte noch ein wenig länger an. Bei einem Aufenthalt in Rudolstadt am 4. September 1799 suchte Schiller die Glockengießerei erneut auf. Danach fand er Zeit und Muse und verwirklichte seine Idee. Am 15. September kehrte er nach Jena zurück, wo er am Tag darauf mit Goethe zusammentraf. Während Goethes Aufenthalt vollendete Schiller das Gedicht. Am 30. September 1799 sandte er es zum Druck für den Musenalmanach ab.

Über das Glockengießen

Das Glockengießen ist und war eine schwere, langwierige und schweißtreibende Arbeit. Anders als heute standen den Glockengießern damals kaum technische Hilfsmittel zur Verfügung. Erfahrung und Präzision entschieden über das Gelingen des Gusses. In seinem Gedicht stellt Schiller diesen Herstellungsprozess in zehn Strophen auf kunstvoll lyrische Weise dar und nimmt dabei die Fachsprache der Glockengießer ganz bar und unreflektiert auf. Der Prozess des Glockengusses lässt sich in drei Phasen einteilen: die Herstellung der Glockenform (dies wurde im Gedicht ausgelassen), die Herstellung der Glockenspeise, also das Schmelzen des Metalls, und der Guss samt weiterer Verarbeitung.

Eine Glockenform entsteht

Um eine Glockenform herzustellen, werden zunächst Schablonen benötigt. Diese werden als halber Querschnitt auf ein Brett gezeichnet und ausgeschnitten. Das ausgeschnittene Brett wird auch als *Lehrbrett* bezeichnet.

Die Form selbst besteht aus drei Schichten: einem hohlen inneren Kern, einer aus Lehm nachgebildeten Glocke, die vor dem Guss entfernt wird, und einem Mantel. Der Kern wird aus Ziegelsteinen, Lehm und Ton gemauert und zwar direkt vor dem Gussofen in einer tiefen Grube, der *Dammgrube*. Zuerst wird ein hölzerner Pfahl in die Erde geschlagen und auf diesen Pfahl ein eisernes Kreuz mit einem Zapfenloch gelegt. In diesem Zapfenloch bewegt sich eine eiserne Spille mit mehreren Armen, an deren oberen Ende später die Schablonen angebracht werden. Die Backsteine des Kerns werden außen rund abgeschlagen. Das Ganze soll grob die innere Form annehmen. Danach wird Lehm aufgetragen, in den Flachs zur Bindung beigegeben wird, und mit den an der Spille rotierenden Lehrbrettern wird schließlich der überflüssige Lehm abgetragen, bis der Kern die Gestalt der inneren Glocke angenommen hat. Auf diesem Kern wird schließlich mit einem Pinsel gesiebte Asche aufgebracht, damit sich die folgende Schicht (die Dicke) nicht mit der inneren Form verbindet. In den Hohlraum des Kerns werden dann glühende Kohlen eingeworfen, damit der nasse Kern austrocknen kann.

Über diesen Kern wird nun die *Dicke*, die Glockennachbildung, und darüber der *Mantel*, jeweils aus Lehm, aufgetragen. Man verfährt ähnlich wie beim inneren Kern. Auf der Dicke werden noch Talg aufgerieben und alle Verzierungen, Figuren und Inschriften mit Wachs, der später schmelzen wird, angebracht. Auf den Mantel kommen eiserne Schienen und Reifen, die ihn zusammenhalten sollen. Nach dem Trocknen des Mantels wird er von der Dicke abgehoben. Das geht sehr leicht, da der Talg die Verbindung zwischen Dicke und Mantel verhindert. Die Dicke wird mit einem Messer vom Kern heruntergeschnitten und der Mantel wieder an seinen vorherigen Ort gesetzt. So ist zwischen dem Kern und dem Mantel nun ein Hohlraum, in den das Metall fließen wird.

Herstellung der Glockenspeise

Ein Gießofen besteht aus zwei Teilen: dem Ofen selbst und dem Schornstein. Der Ofen mit dem Herd, in den das Metall kommt, hat etwa die Form eines Backofens. An dessen Seite befindet sich eine Öffnung mit einer eisernen Tür, durch die das Metall eingegeben wird. Noch weiter oben sind Zuglöcher oder Windpfeifen, die geöffnet und geschlossen werden können. Hinter dem Ofen ist der Schornstein, indem das Feuer brennt. Er zerfällt in zwei Hälften, die durch einen Rost getrennt sind, darunter noch ein Aschenfall.

In der oberen Hälfte ist das Holz, das durch die eigentliche Öffnung des Schornsteins, das *Schürloch*, hineingeworfen wird. Die Flamme wird durch das Loch des Aschenfalls angeblasen. Danach verschließt man das Schürloch, sodass die Flamme, die keinen Ausgang nach außen mehr hat, in den Ofen hineinschlägt, und zwar durch das Loch. Dieses Loch wird *Schwalch* genannt. Am Ende des Ofens, das dem Schornstein gegenüber liegt, befindet sich ein Zapfenloch und vor diesem eine Rinne, über die das Metall in die Glockenform geleitet wird.

Im Ofen wird die Glockenspeise aus Zinn, Kupfer und Messing zum Schmelzen gebracht. Zinn schmilzt recht schnell. Daher gibt man es erst bei, wenn Kupfer und Messing bereits geschmolzen sind. Sobald das Metall durchgängig *in Fluss* gebracht ist, hat es einen weißen Schaum. Dann wird Pottasche als Katalysator dazugeschüttet, um das Schmelzen und die Vereinigung der Metalle noch weiter zu befördern. Das Metall muss während des Schmelzens wenigstens zwei Mal abgeschürft werden. Gewöhnlich bleibt es etwa zwölf Stunden im Ofen. Wenn um diese Zeit die Windpfeifen gelb werden, ist dies ein Zeichen dafür, dass das Metall flüssig genug ist. Man erkennt dies auch daran, dass der Rauch ganz weiß aufsteigt oder dass ein in das Metall gestoßener Stab beim Herausziehen von einer feinen Glasur überzogen ist.

Jetzt muss der Gießer prüfen, ob er eine gute Mischung gemacht hat. Er gießt daher etwas von dem Metall in einen ausgehöhlten, warmen Stein und zerbricht es nach dem Erkalten. Zu kleine Zacken des Bruches, die dicht aneinanderliegen, dass man sie kaum erkennen kann, sind ein Zeichen dafür, dass das Metall zu viel Zinn enthält. Der entgegengesetzte Fall tritt ein, wenn zu viel Kupfer enthalten ist.

Der Guss und die Verarbeitung

Ist die Glockenspeise gut geraten, kann der Guss beginnen. Über die Rinne wird die Glockenspeise in die Glockenform geleitet. Danach heißt es warten, bis die Schmelze erkaltet ist. Dann wird der Mantel von der Glocke abgehoben und geprüft, ob der Guss gelungen ist. Jetzt werden noch Henkel, Klöppel und andere Vorrichtungen an der Glocke angebracht und die Glocke aus der Dammgrube gehoben – ein erhebender Moment für alle Beteiligten.

Rezeption in den vergangenen 200 Jahren

Schillers Tod am 9. Mai 1805 traf die Deutschen unvermittelt. Besonders Goethe litt unter dem Tod seines Freundes. Als anlässlich einer Schiller-Gedächtnisfeier am 10. August 1805 in Bad Lauchstädt Schillers *Lied von der Glocke* mit verteilten Rollen rezitiert werden sollte, verfasste Goethe hierfür seinen »Epilog zu Schillers Glocke«. Hierin griff er die beiden Schlussverse des Schiller-Gedichtes auf und machte sie zu einer Art »letzten Willen« seines Freundes, den er den Deutschen als Aufgabe weiterreichte. Mehrfach heißt es hierin »Denn er war unser«. Goethe beschreibt Schiller in seinem Epilog als einen deutschen Helden. Und damit bahnte er auch den Weg für Schillers Nachruhm, der zum beliebtesten Dichter Deutschlands avancierte.

Erste Reaktionen

Nach der Veröffentlichung im *Musenalmanach auf das Jahr 1800* fielen die ersten Reaktionen auf das Gedicht zum Großteil positiv aus. Schillers Freund Christian Gottfried Körner, oft einer der ersten Kritiker und Kommentatoren von Schillers Werken, schrieb in einem Brief am 6. November 1799: »Das Lied von der Glocke kann sich besonders neben Deine vorzüglichsten Produkte stellen.« Auch Wilhelm von Humboldt lobte. »Das Lied von der Glocke hat mir Sie sehr lebhaft wieder vor die Augen gestellt. Es ist eine sehr eigne und eine äußerst genievolle Production. Einzelne Stellen haben mich tief gerührt«, schrieb Humboldt am 16. Juni 1800 nach seiner Rückkehr aus Paris.

Doch in der öffentlichen Wahrnehmung tauchten auch kritische Betrachtungen auf, die sich besonders in den Kreisen der Romantiker zu Spott auswuchsen. So dichtete Friedrich Schlegel das folgende Epigramm:

> Ach wie gefällt die Glocke dem Volk und die *Würde der Frauen!*
> Weil im Takte da alles klingt was sittlich und platt.

Kritik lösten vor allem die reflektierenden Strophen des Gedichtes aus. Sie betraf die sich im Allgemeinen verlierende Darstellung und die unpersönlichen, namenlosen Charaktere, das von Schiller entworfene Ideal bürgerlichen Lebens und Strebens, die beschränkte Rolle der Frauen, die Schiller für sie vorsah, und zum Teil auch die teils unfreiwillig komisch wirkenden sprachlichen Schöpfungen durch den Gebrauch von Sterotypen bei Adjektiven und Verben, wo bspw. der »stolze« Knabe um die »züchtige« Jungfrau wirbt. Auch vermeintlich inhaltliche Fehler stießen auf. So vermisste August Wilhelm Schlegel schlichtweg den Klöppel der Glocke, was ihn zu lyrischem Spott anregte:

> Wir Küster, würd'ger Herr, sind hoch erfreut,
> Dass Sie so schön der Glocken Lob gesungen;
> Es hat uns fast wie Festgeläut' geklungen.
> Nur haben Sie sich etwas weit zerstreut,
> Und doch dabei den Hauptpunkt übergangen:
> Die Klöpfel mein' ich, die darinnen hangen.
> Denn ohne Zung' im Munde, – mit Respekt
> Zu sagen, – müsste ja der Pfarrer selbst verstummen.
> So, wenn kein Klöpfel in den Glocken steckt,
> Wie sehr man auch am Seile zerrt und reckt,
> Man bringt sie nicht zum Bimmeln oder Brummen.

Bereits 1799 bemerkte Caroline Schlegel in einem Brief an Auguste Böhmer am 21. Oktober: »Die Glocke hat uns an einem schönen Mittag mit Lachen vom Tisch weg fast unter den Tisch gebracht.

Die ließe sich herrlich parodiren.« Dies erwies sich durchaus als ein Orakelspruch.

Parodien, Vertonungen, Inszenierungen

Schon früh hat das Glockenlied Schillers zu Vertonung, Aufführung und Nachahmung angeregt. Allein über 100 Parodien lassen sich bis heute nachweisen, was es zu einem der am meisten parodierten deutschen Gedichte überhaupt macht. Nur einige Parodien stellen polemische Statements dar, die meisten Parodien sind dem Lied gegenüber unkritisch. Viele der Nachahmungen zeugen sogar von einer großen Bewunderung und weisen teils auch eine nicht unerhebliche eigene Schöpfungshöhe auf.

Thematisch haben die Nachahmungen eine große Bandbreite: Es finden sich Übertragungen in andere Arbeits- und Handwerksbereiche, besonders auf die Herstellung von Nahrungsmitteln und Getränken wie Brot, Wurst, Bier, Kaffee. Aber auch pornographische Parodien, bloßer Ulk und die Reflexion politischer Verhältnisse im 19. und 20. Jahrhundert sind zu finden. Leider wurde das Lied auch für ideologische Zwecke und zur Kriegspropaganda missbraucht. Selbst eine antisemitische Hetzschrift ist zu finden.

Das Interesse am Glockenlied beschränkte sich nicht nur auf die deutschen Gebiete. Allein bis 1877 wurde das Lied in 17 Sprachen übersetzt. Diese Zahl beinhaltet nicht die Übertragung in verschiedene Mundarten. Eine Übertragung ins Lateinische diente vor allem zu Übungszwecken im Lateinunterricht. Selbst zum Erlernen der Stenographie wurde das Gedicht in die Kurzschrift übertragen.

Schon früh regte das Glockenlied auch zur szenischen Darstellung an. So berichtete noch zu Schillers Lebzeiten sein Freund Körner in einem Brief aus Dresden von einer Aufführung bei Baron Racknitz, bei der man zwischen der Deklamation der Strophen musikalische Einlagen bot: »Die Musik war ein buntes Gemengsel, das kein Ganzes bildete, war nicht allemal passend, und unterbrach oft zur Unzeit die Rede. Indessen halte ich es nicht für unmöglich, die Glocke auf eine solche Art kunstmäßig zu behandeln. Nur muss das Ganze von einem Manne absichtlich dazu komponiert werden.«

Schiller war froh, dass er diese Darbietung nicht hatte anhören müssen. Wenige Tage später antwortete er seinem Freund: »Ich glaube mit Dir, dass sich die Glocke recht gut zu einer musikalischen Darstellung qualifizierte, aber dann müsste man auch wissen, was man will, und nicht ins Gelag hinein schmieren. Dem Meister Glockengießer muss ein kräftiger, biederer Charakter gegeben werden, der das Ganze trägt und zusammenhält. Die Musik darf nie Worte malen und sich mit kleinlichen Spielereien abgeben, sondern muss nur dem Geist der Poesie im Ganzen folgen.«

Die früheste Vertonung stammt von Friedrich Franz Hurka als ein Stück für Singstimme mit Klavier im Jahr 1801 in Berlin. Weitere Vertonungen sind von den Komponisten Andreas Romberg (1808) und Max Bruch (1872). Romberg komponierte eine Kantate für vier Solostimmen, Chor und Orchester, Bruch ein Oratorium nach dem *Lied von der Glocke*. Rombergs Vertonung ist wohl die bekannteste. Bruchs Vertonung wurde als vertonte »Bibel des Kleinbürgers« bezeichnet. Im Schillerjahr 2009 brachten Marbacher und Ludwigsburger Künstler in einem Gemeinschaftsprojekt das *Lied von der Glocke* als Rock-Oper auf die Bühne, bei der sich Gitarrenriffs und Geigenklänge abwechselten.

Der Weg zum deutschen Bildungsgut

Die mannigfaltige Auseinandersetzung der Deutschen mit dem Lied, sei es in wohlmeinenden oder spottenden Parodien oder in anderen Formen, ließen es schnell volkstümlich werden. Schillers Schwägerin Caroline von Wolzogen stellte schon 1830 fest, dass das Lied zu einem Lieblingsgedicht der Deutschen geworden wafr. In ihrer Schiller-Biographie heißt es: »Jeder findet rührende Lebenstöne darin, und das allgemeine Schicksal der Menschen geht innig ans Herz.« Gerade die kritisierten und sich im Allgemeinen verlierenden Passagen machten das Erfolgsrezept des Liedes aus. Zu dieser Entwicklung hin zu einem deutschen Allgemeingut hatte maßgeblich auch der eingangs erwähnte *Epilog zu Schillers Glocke* von Goethe beigetragen.

Dieses »Erfolgsrezept« betrachtete Wilhelm von Humboldt in der *Vorerinnerung über Schiller und den Gang seiner Geistesentwicklung*, einer Laudatio auf den Dichter, genauer: »Die wundervollste Beglaubigung vollendeten Dichtergenies aber enthält das Lied von der Glocke, das in wechselnden Sylbenmaßen, in Schilderungen der höchsten Lebendigkeit, wo kurz angedeutete Züge das ganze Bild hinstellen, alle Vorfälle des menschlichen und gesellschaftlichen Lebens durchläuft, die aus jedem entspringenden Gefühle ausdrückt, und dies Alles symbolisch immer an die Töne der Glocke heftet, deren fortlaufende Arbeit die Dichtung in ihren verschiednen Momenten begleitet. In keiner Sprache ist mir ein Gedicht bekannt, das in einem so kleinen Umfang einen so weiten poetischen Kreis eröffnet, die Tonleiter aller tiefsten menschlichen Empfindungen durchgeht, und auf ganz lyrische Weise das Leben mit seinen wichtigsten Ereignissen und Epochen, wie ein durch natürliche Grenzen umschlossenes Epos zeigt. Die dichterische Anschaulichkeit wird aber noch dadurch vermehrt, dass jenen der Phantasie von ferne vorgehaltenen Erscheinungen ein als unmittelbar wirklich geschilderter Gegenstand entspricht, und die beiden sich dadurch bildenden Reihen zu gleichem Ende parallel nebeneinander fortlaufen.«

Durch seine sprachliche Anschaulichkeit haben sich viele Verse und Sentenzen im deutschen Sprachwortschatz eingenistet. In dem 1864 von Georg Büchmann veröffentlichten Buch *Geflügelte Worte, Der Citatenschatz des deutschen Volkes* sind etwa 40 Zitate aus dem *Lied von der Glocke* enthalten.

Politische Vereinnahmung

Von Stuttgart ausgehend, als der *Stuttgarter Liederkranz* 1825 zum 20. Todestag Schiller erstmals eine Schiller-Gedächtnisfeier veranstaltete, wurde das *Lied von der Glocke* auch zum allgemeinen Gegenstand der Schillerverehrung in Deutschland – aber noch mehr. Für die sich in Deutschland ausbreitenden politisierenden Schillervereine, die sich aus Bürgern und Persönlichkeiten des kulturellen, geistigen und politischen Lebens begründeten, wurde das Gedicht auch zu einem politischen Zitat. Die Schillerfeste dienten bis zur Märzrevolution 1848 auch als eine politische Kundgebung der bürgerlich-demokratischen und nationalen Einheits- und Unabhängigkeitsbestrebungen. Mit den Schillerfesten zu Schillers 100. Geburtstag 1859 schlug diese Schillerverehrung in eine nahezu ungebremste nationale Begeisterungswelle um, in deren Zentrum auch das *Lied von der Glocke* stand, da sich hierin das Bürgertum wiedererkannte.

Jacob Grimm feierte das Lied auf der feierlichen Sitzung der *Akademie der Wissenschaften* in Berlin als nationales Symbol der Einheit und lobte das »unvergleichliche Gedicht, dem andere Völker von weitem nichts an die Seite zu stellen haben.« Dabei äußerte er den Wunsch, dass alles »fortgeläutet werde, was der Einheit unseres Volkes sich entgegen stemmt, deren es bedarf und die es begehrt.« Fortan musste Schiller und sein Lied für alle möglichen politischen und staatlichen Ideen herhalten. Davor stieß bereits 1859 der österreichische Schriftsteller Franz Grillparzer eine ernste Warnung aus.

1871 erfüllten sich die Wünsche der Deutschen nach der nationalen Einheit. In Versailles gründete sich unter preußischer Führung das Deutsche Reich. Die Bildungsbürger erklärten das Lied zur »Krone aller lyrischen Leistungen Schillers« und Schiller zum Lehrer der Nation, was auch von Handwerkern und Arbeitern nicht anders gesehen wurde. Selbst die aufkommenden Arbeiterbildungsvereine nahmen sich dem Gedicht an. Aus dem Schulkanon war das Gedicht bis in die Mitte des 20. Jahrhunderts nun nicht mehr fortzudenken. Für ganze Generationen war es Ehre und Pflicht zugleich, sich das *Lied von der Glocke* einzuprägen. So berichtete auch Thomas Mann noch über einen Rezitationsabend, an dem auch dieses Gedicht zum Besten gegeben wurde. Scheinbar waren hierbei alle im Saal Anwesenden textsicherer als der rezitierende Schauspieler. Es gibt nur wenige mahnende Kritiker wie Friedrich Engels oder Friedrich Nietzsche, der Schiller als »Moral-Trompeter von Säcklingen« abstempelte. Bis in die Zeit nach dem ersten Weltkrieg gingen Kritiken zumeist in der Begeisterung und Schiller-Verehrung unter.

Revision der Klassiker

Erst nach dem ersten Weltkrieg setzte allmählich eine Revision der Klassiker ein. Auf die junge Nachkriegsgeneration hatten die Klassiker ihre Wirkung verloren. Von ihnen wurde das klassische Erbe in den 20er Jahren mehr verhöhnt als geehrt, wie es zumindest noch bei den älteren Generationen der Fall war. Bertold Brecht – damals ein 31-jähriger junger Mann – fasste diese veränderte Wahrnehmung in seinem *Gespräch über Klassiker* im Jahr 1929 zusammen. Er meint: »Die Wahrheit ist: Sie sind im Krieg gestorben. Sie gehören unter unsere Kriegsopfer.« Kritisch fragte sich Brecht nach dem »Materialwert der Klassiker« für die dramatische Auseinandersetzung und gestand den Klassikern in einem zunehmend technologischen Zeitalter allenfalls stofflichen Wert zu, denen man »echten Respekt« zu zollen hätte. Falscher Respekt sei hingegen als scheinheilig und lippendienerisch zu entlarven.

Nach dem zweiten Weltkrieg setzte sich diese Revision weiter fort. Als man nach der Wiederaufnahme des Spielbetriebes in den Theatern auch Aufführungen von Lessings *Nathan der Weise* oder Goethes *Iphigenie auf Tauris* im Programm zweigte, blieb es um andere Klassiker deutlich ruhiger. Noch ruhiger wurde es um Schillers Glocke.

Erst als Hans Magnus Enzenberger 1966 bei der Herausgabe einer Werkausgabe von Schillers Werken für den Insel-Verlag auf das *Lied von der Glocke* verzichtete, geriet es wieder in die öffentliche Diskussion. Dieses unbegründete Weglassen bemängelte der Literaturkritiker Marcel Reich-Ranicki in einem Artikel am 9. September 1966 in der *Zeit*: »*Die Glocke* oder *die Bürgschaft*, Dichtungen also, aus denen das deutsche Bürgertum seine Lebensmaximen anderthalb Jahrhunderte lang zu beziehen gewohnt war, haben es – wie immer man diese Verse beurteilen mag – auf jeden Fall verdient, dem zweiten oder, meinetwegen, dem hundertsten Blick ausgesetzt zu werden. Ein Herausgeber, der diese und ähnliche Balladen kurzerhand entfernt, macht sich, befürchte ich, seine Aufgabe zu leicht: Statt das überkommene Schiller-Bild zu korrigieren, ignoriert er es. Statt zu revidieren, liquidiert er.«

In einem *Zeit*-Artikel mit der Überschrift »Festgemauert aber entbehrlich« vom 28. Oktober 1966 erwiderte Enzenberger mit einer Begründung seiner Auswahl: Enzenberger bedauert, dass sich Schiller nicht auf das eigentliche »Glockengießerlied« (die Strophen des Meisters) beschränkte. Die Darstellung des Glockengusses würde an sich über sich selbst hinauswachsen und ein poetisches Gleichnis darstellen, das sich auf die Arbeit des Künstlers bezieht. Dass es Schiller vielmehr für nötig sah, dieses Lied »zu erweitern, zu kommentieren, zu erläutern«, lässt es zu einem »schlechten Gedicht« werden, dem »so wenig wie einer schlechten Glocke, mit *guten Reden* aufzuhelfen« ist. »Sein zweiter Strang ist weit weniger streng und liedhaft komponiert. Zwanzig Strophen von ungleicher Länge (sechs bis sechzig Zeilen umfassend) sind ohne feste Regel zwischen die Strophen des eigentlichen Glockengießerliedes eingeflochten. Das Metrum wechselt zwischen Jambus und Anapäst. Neben vierhebigen kommen gelegentlich zweihebige Verse vor. Der Tonfall ist reflektierend und sentenzenhaft, zuweilen balladesk, niemals liedhaft. Die beiden Teile des Gedichtes treten nur noch deutlicher auseinander, wenn man nach ihrem Gehalt fragt.«

Die plakative Sprache des Dichters stößt Enzenberger hierbei besonders auf. Beide Teile des Liedes würden nicht zusammenpassen, da sich zwischen ihnen »formal und substantiell« ein »extremes Niveaugefälle« zeige: »Auf der einen Seite äußerste Ökonomie, auf der anderen uferlose Sprüche; feste rhythmische Form, lustlose Reimerei; strikte Kenntnis der Sache, unverbindliche Ideologie; verschwiegene Einsicht, plakatierte Trivialität; Größe in der Beschränkung, aufgehäufter Plunder. An der Unvereinbarkeit des einen mit dem andern scheitert das Gedicht«, stellte Enzenberger fest.

Der Streit zwischen Ranicki und Enzenberger bewirkte jedoch eines: Schillers Glockenlied wurde wieder Teil des öffentlichen Diskurses. Das Lied und mit ihm Schillers bekannteste Balladen waren wieder im Gespräch. »Nicht etwa, dass man sie, mehr als sonst, läse. Im Gegenteil. Weil man sie, jedenfalls im ›Insel-Schiller‹ nicht mehr zu lesen bekommt, spricht man über sie.«

Die aktuelle Kritik schließt sich zumeist dem Wort Enzenbergers an. Dem Glockenlied Schillers wird ein fester Platz in der Bildungsgeschichte der Deutschen zuerkannt, doch die lyrische Qualität wird zweigeteilt betrachtet: »Der sonst so stilbewusste Schiller«, so Klaus L. Berghahn, hat »ein gelungenes Gedicht durch ein *ernstes Wort* und *gute Reden* verschlimmbessert.«

Über Friedrich Schiller

Friedrich Schiller wurde 1759 in Marbach am Neckar geboren. Sein Vater Johann Caspar Schiller (1723–1796) war Werbeoffizier und Wundarzt, seine Mutter Elisabeth Dorothea (1732–1802) die Tochter eines Marbacher Gastwirts.

1763 siedelte die Familie nach Lorch über, als sein Vater eine Anstellung als Werbeoffizier erhielt. 1766 zog die Familie nach der Versetzung des Vaters nach Ludwigsburg um, wo Schiller die Lateinschule besuchte. Sein Berufswunsch war Theologe – ein Berufswunsch, der von seiner Familie unterstützt wurde, aber unerfüllt blieb. Bereits frühzeitig interessierte Schiller das dramatische Fach. Mit dreizehn verfasste er scheinbar seine ersten Theaterstücke »Absalon« und »Die Christen«, die aber nicht erhalten blieben.

Auf Befehl von Herzog Carl Eugen von Württemberg trat Schiller im Alter von 14 Jahren gegen seinen Willen und den seiner Familie in die Hohe Karlsschule in Stuttgart ein, wo er die Rechtswissenschaften studierte. Die Karlsschule ist eine vom Herzog gegründete militärische Pflanzschule. An der Schule herrschte ein starker Drill mit hartem Reglement, gegen dessen Verstoß empfindliche Strafen ausgesprochen wurden. 1775 wurde die Schule in das *Schloss Solitude* in die Innenstadt Stuttgarts verlegt. Im gleichen Jahr wechselte Schiller das Studienfach, weil der sensible Junge unter den Verhältnissen an der Schule litt und nur mäßige Leistungen aufwies, und begann das Studium der Medizin. An der *Solitude* kam Schiller auch mit verschiedenen Werken des Sturm und Drangs, insbesondere Goethe, und von Lessing, Rousseau und Shakespeare in Berührung. Auch mit den Gedichten Klopstocks beschäftigte er sich.

Sein Medizinstudium schloss Schiller 1779 mit dem Examen ab und erhielt 1780 nach Verlassen der Militärakademie im Alter von 21 Jahren eine schlecht bezahlte Anstellung als Regimentsarzt. Bereits 1776/77 hatte er mit der Arbeit an »Die Räuber« begonnen, die er heimlich weiterführte, wobei er sich teils krank stellte, um die Arbeit voranzutreiben. 1781 vollendete er das Drama und ließ es noch im selben Jahr anonym auf eigene Kosten drucken, wobei er erste Schulden auf sich nahm. Am 13. Januar 1782 bekam die Öffentlichkeit erstmals Schillers Erstlingswerk im Mannheimer Hoftheater zu sehen, das damals eines der renommiertesten Theater war. Das Stück feierte einen überwältigenden Erfolg und machte Schiller quasi über Nacht bekannt.

Um an der Uraufführung teilzunehmen, hatte sich Schiller unerlaubt von seinem Regiment entfernt. Als sich Schiller im Mai 1782 ein weiteres Mal von seiner Truppe entfernte, ließ Herzog Carl Eugen seinen Untertanen 14 Tage lang ins Gefängnis sperren und untersagte ihm zudem jegliche schriftstellerische Betätigung, insbesondere das Schreiben von Komödien »und dergleichen Zeugs«. Nur das Verfassen von medizinischen Schriften war ihm noch gestattet.

Derart seiner Freiheit beraubt, entschloss sich Schiller zur Flucht, die er in der Nacht zum 23. November 1782 gemeinsam mit seinem Freund Andreas Streicher antrat. Damit drohten Festungshaft und Degradierung. Er gelangte über Frankfurt und Mannheim nach Oggersheim, wo er sich inkognito in einem Gasthof einmietete. Auf der Flucht begann er mit den Arbeiten an *Kabale und Liebe*, das Schiller zunächst mit *Luise Millerin* betitelte. Seine finanziellen Probleme blieben weiter problematisch. Im Dezember 1782 folgte er der Einladung von Henriette von Wolzogen nach Bauerbach in Thüringen. Die Mutter seines Schulkameraden Wilhelm von Wolzogen bot ihm Asyl. Hier freundete sich Schiller, der aus Vorsicht nun den Namen Dr. Ritter trug, mit dem Bibliothekar Wilhelm Reinwald aus Meiningen an, der ihn auch mit

Literatur versorgte. In der Ruhe des abgeschiedenen Ortes vollendete Schiller *Kabale und Liebe* und begann die Arbeiten an *Don Carlos*. Im Juli 1783 kehrte Schiller nach Mannheim zurück, wo ihm im September gleichen Jahres der Theaterintendant Heribert von Dalberg eine Anstellung als Theaterdichter gab, die er bis 1785 behielt. Doch noch 1783 erkrankte Schiller an einer Malaria, die ihn für längere Zeit die Arbeit erschwerte. Vermutlich hatte er sich hiervon nie wirklich auskuriert. 1784 wurden seine Stücke *Die Verschwörung des Fiesco zu Genua* sowie *Kabale und Liebe* uraufgeführt. Nach einer Lesung eines Teils aus seinem *Don Carlos* am Hof in Darmstadt, der auch Herzog Carl August von Sachsen-Weimar beiwohnte, verlieh ihm dieser den Titel des Weimarischen Rates.

Als nach Beendigung seines Engagements sein Vertrag am Mannheimer Theater nicht verlängert wurde, drohte dem hochverschuldeten Schiller der Schuldenturm. Aus dieser Notlage kam unverhofft Rettung, als ihn Christian Gottfried Körner nach Leipzig einlud und aus der Notlage verhalf. Auf Körners Bitte hin verfasste Schiller in Leipzig-Gohlis die »Ode an die Freude«, die durch die Vertonung Beethovens weltberühmt wurde. Im Herbst 1785 folgte Schiller Körner, mit dem er eine lebenslange innige Freundschaft pflegte, nach Dresden-Loschwitz, wo er bis zum Sommer 1787 blieb. Im Sommer dieses Jahres erschien auch sein *Don Carlos* als Druckschrift. Im August 1787 wurde das Drama erstmals in Hamburg aufgeführt.

Am 21. Juli 1787 reiste Schiller nach Weimar und machte dort die Bekanntschaft von Herder und Wieland. Gemeinsam mit Wilhelm von Wolzogen ritt er im Dezember 1787 nach Rudolstadt und lernte hier Charlotte von Lengefeld und deren Schwester Caroline von Beulwitz kennen. Schiller fühlte sich sehr zu den beiden Schwestern hingezogen, mit denen er einen innigen Briefwechsel pflegte. Es folgte der sogenannte *Rudolstädter Sommer*. Schiller wohnte zunächst in Volkstedt bei Rudolstadt und schließlich in Rudolstadt selbst, wo er häufig die Lengefeld-Schwestern besuchte und dafür oft seine Arbeit vernachlässigte. Auf die Vermittlung der Familie von Lengefeld hin kam es am 7. September 1788 erstmals zur Begegnung von Schiller und dem von seiner Italienreise zurückgekehrten Goethe. Die beiden Dichter begegneten sich hier aber noch sehr distanziert.

Schillers Bemühungen um geordnete bürgerliche Verhältnisse wurden 1789 erfüllt, als er eine Professur an der Universität Jena als Historiker erhielt. Die Nachricht von Schillers Professur wurde unter den jungen Studenten mit Begeisterung aufgenommen. Bei seiner Antrittsvorlesung, die unter dem Titel *Was heißt und zu welchem Ende studiert man Universalgeschichte?* bekannt wurde, überforderte die Kapazität des Hörsaals und zwang zum Wechsel in den größten Saal der Stadt. Durch seine Professur konnte sich Schiller aber kaum von der Sorge um seine finanziellen Schwierigkeiten befreien. Im Dezember 1789 warb er schließlich brieflich bei Luise von Lengefeld um die Hand ihrer Tochter Charlotte. Am 22. Februar 1790 heiraten die beiden in einer Kirche in Wenigenjena.

1791 erkrankte Schiller schwer an einer Lungenentzündung. Es kursierte sogar schon das Gerücht von seinem Ableben. Eine jährliche Zuwendung in Höhe von 1000 Talern von Heinrich Graf von Schimmelmann und Herzog Friedrich Christian von Augustenburg verschaffte dem stets kränkelnden Schiller eine solide finanzielle Basis für die kommenden Jahre. 1793 wurde Schillers erster Sohn Karl Friedrich Ludwig geboren.

1792 ernannte die französische Republik den Dichter der *Räuber* zum Ehrenbürger, doch distanzierte er sich bald deutlich von den Ereignissen in Frankreich. Die Ehrenbürgerschaft war ihm eher leidig, auch weil sie ihn verdächtig machte. 1793 verfasst er eine Reihe von philosophischen Briefen, die er 1795 umgearbeitet und erweitert als die Briefe *Über die ästhetische Erziehung des Menschen* in seiner Zeitschrift *Die Horen* veröffentlichte. Hierin setzte er sich mit einer zentralen Frage der Aufklärung auseinander, wie der Mensch das Ideal der Freiheit erreichen könne. Entgegen der aufklärerischen Vorstellung, dass dieses Ideal durch reine Vernunft zu erreichen wäre, entwirft Schiller in seinen Briefen die Idee von einer Balance zwischen Verstand und Gefühl. Die Kunst sieht er hierfür als geeignetes Mittel an. Ihr weist er die Aufgabe, den Menschen ästhetisch zu bilden. Sie öffnet den Weg zur Selbstbestimmung und zur produktiven Nutzung der Freiheit. Die Schrift hatte großen Einfluss auf die nachfolgenden Generationen auf verschiedenen Wissenschaftsgebieten wie der Philosophie, der politische Theorie, der Soziologie und der pädagogische Anthropologie, und beschäftigt auch die heutigen Wissenschaften noch. Für Schillers folgende Schaffensperiode bildete diese philosophische Auseinandersezung eine wichtige Grundlage.

Als Schiller am 13. Juni 1794 brieflich Goethe darum bat, sich an seiner Zeitschrift *Die Horen* zu beteiligen, war dies der Beginn einer lebenslangen, tiefen Freundschaft, die von literarischem Wettstreit, gemeinsamer Produktion, gegenseitiger Kritik und Ermunterung und großer Wertschätzung geprägt war. Das Datum wird häufig mit dem Beginn der *Weimarer Klassik* gleichgesetzt. Die beiden Dichter – und mit ihnen auch Wieland und Herder – lehnten sich an das Kunstideal der Antike an. Auf der Suche nach Vollkommenheit, Harmonie, Menschlichkeit und Toleranz entstanden wichtige Werke der deutschen Literatur.

Durch die Veröffentlichung ihrer *Xenien*, die 1796 in Schillers *Musenalmanach auf das Jahr 1797* erschienen, sorgten Goethe und Schiller für einen Aufruhr im gesamten deutschen Literaturbetrieb, dessen Missstände sie mit ihren Gedichten verspotteten. Im Jahr darauf wendeten sich beide dem lyrischen Fach zu. Quasi im Wettstreit entstanden im sogenannten *Balladenjahr 1797* einige der schönsten deutschen Balladen wie Goethes *Zauberlehrling* oder *Der Gott die Bajadere* und Schillers *Der Taucher, Der Handschuh, Der Ring des Polykrates* und andere Balladen.

1796 verstarben sowohl Schillers Schwester Nanette als auch sein Vater. Sein zweiter Sohn Ernst Friedrich Wilhelm wurde geboren. 1799 vollendete er seine *Wallenstein*-Trilogie und siedelte im Dezember nach Weimar über. Das *Lied von der Glocke* entstand ebenfalls in diesem Jahr. In den folgenden Jahren entstanden Schillers übrige klassische Dramen. Mit dem lyrischen Fach setzte er sich nur noch selten auseinander.

Am 16. November 1802 verlieh ihm der Weimarer Herzog das Adelsdiplom. Fortan durfte er sich Friedrich *von* Schiller nennen, worauf er aber wenig Wert legte. Im selben Jahr verstarb seine Mutter. Nachdem er 1804 seinen *Wilhelm Tell* zur Uraufführung gebracht hatte, begann er mit den Arbeiten an seinem Drama *Demetrius*, das er nicht mehr vollendete.

Krankheit warf ihn immer wieder zurück und hielt ihn von der Arbeit ab. Als er im Februar 1805 erneut schwer erkrankte, konnte er sich hiervon nicht mehr erholen. Am 1. Mai traf er zum letzten Mal auf dem Weg ins Theater mit Goethe zusammen. Am 9. Mai starb Friedrich Schiller in Weimar an einer akuten Lungenentzündung.

Über Ludwig Richter

Der Maler, Radierer und Zeichner *Adrian Ludwig Richter* war einer der bedeutendsten Illustratoren in der 2. Hälfte des 19. Jahrhunderts. Er illustrierte allein über 150 Bücher.

Richter wurde am 28. September 1803 in Dresden geboren. Sein Vater *Karl August Richter* (geb. in Wachau bei Radeberg 1778, † in Dresden am 6. Juli 1848), war Landschaftszeichner und Kupferstecher und wurde später Nachfolger seines Lehrers Zigg an der Akademie. Bereits als Kind war Richters Laufbahn gewissermaßen durch Familientraditionen für die Kunst vorbestimmt. Schon in der Schule verführte ihn die Schiefertafel zum Zeichnen statt zum Rechnen. Er half seinem Vater bei der Fabrikation kalligraphischer Prospekte und wurde auf diesem Wege ein gewandter Zeichner und geschickter Radierer. Auch seine Phantasie erhielt damals schon im Kreise der Familie die Eindrücke, die für seine spätere Richtung entscheidend wurden.

1820 begleitete Richter den Fürsten Narischkin nach Frankreich. Er musste auf dieser Reise das Album des Fürsten mit Aufnahmen der schönsten Reiseorte füllen und erwarb sich dabei eine merkwürdige Gewandtheit und Leichtigkeit bei der schnellen Fixierung der verschiedensten Gegenstände. Der Ruf der in Rom aufstrebenden deutschen Malerschule zog auch den jungen Künstlern an. Mit einem jährlichen Stipendium von 400 Talern des Kunsthändlers Arnold aus Dresden ausgestattet, kam Richter 1823 nach Rom und bezog eine Wohnung im Palazzo Quarnieri am Monte Pincio, in dessen Räumen sich unter anderem Julius Schnorr von Carolsfeld, Friedrich von Olivier und Philipp Veit einquartiert hatten, mit denen er sich anfreundete. In Italien formte sich bei dem Wanderer seine Auffassung zur Landschaftsmalerei, die von der idealistischen Idee einer Harmonie zwischen Mensch und Natur bestimmt war. Hier entstanden wichtige Bilder Richters wie »Der Watzmann« oder »Tal bei Amalfi«.

Zwischen 1828 bis 1835 arbeitete der nach Deutschland Zurückgekehrte an der Staatlichen Zeichenschule in Meißen. Auch an der Dresdner Kunstakademie lehrte Richter ab 1826 als Nachfolger für seinen Vater und zwar die Klasse der Landschaftsmaler. Für die Reihe »Das malerische und romantische Deutschland«, die der Leipziger Verleger Georg Wigand herausgab, schuf er ab 1836 für verschiedene Bände Tafeln zur Illustration. Hierfür durchwanderte er den Harz, Franken und das Riesengebirge. Für andere Buchproduktionen stellte Richter auch Holzschnitte her. Hierdurch erlangte er große Bekanntheit. Etwa um diese Zeit wurde er in Dresden auch zum Professor für Landschaftsmalerei ernannt.

Höhepunkt seines illustrativen Schaffens war das Jahr 1842: Er illustrierte die berühmte Musäus-Ausgabe der *Volksmährchen der Deutschen.* Dieses Buch gilt als eines der am schönsten illustrierten Bücher des 19. Jahrhunderts. Richter illustrierte in der Folgezeit verschiedene Liedersammlungen, schuf die Illustrationen zu einem Goethe-Album und veröffentlichte verschiedene Mappenwerke, zu denen auch die Illustrationen unseres Buches gehören. Bekannte Gemälde Richters sind u.a. »Brautzug im Frühling« aus dem Jahr 1847. Sein letztes Ölbild mit dem Titel »Im Juni« entstand 1859. Im Verlauf seines Lebens fertigte Richter mehr als 3000 Holzschnitte an.

Für seine Leistungen als Künstler zeichnete man Ludwig Richter 1855 auf der Weltausstellung in Paris mit der Goldenen Medaille aus. Im Jahr 1869 begann er mit biographischen Notizen, die später als die *Lebenserinnerungen eines deutschen Malers* veröffentlicht wurden. 1873 erlitt er ein akutes Augenleiden, was ihm die künstlerische Arbeit unmöglich machte. Schweren Herzens schied er als Lehrer aus der Kunstakademie aus. Am 19. Juni 1884 verstarb Richter im stattlichen Alter von 80 Jahren. Der Maler der Spätromantik und des Biedermeiers wurde mit großen Ehren, die mit einem Staatsbegräbnis verbunden waren, auf dem Neuen Katholischen Friedhof im Dresdner Stadtteil Friedrichstadt bestattet.

Literatur

Peter-André Alt: Schiller. Leben – Werk – Zeit. 2 Bände. Verlag C. H. Beck, München, 2000.

Klaus L. Berhahn: Der deutschen liebstes Lied. Festgemauert aber entbehrlich. In: Norbert Oellers (Hrsg.): Interpretationen. Gedichte von Friedrich Schiller. Reclam Verlag, Stuttgart, 1996.

Büchmann: Geflügelte Worte. Der Citatenschatz des deutschen Volkes. Haude und Spener, Berlin, 1864.

Friedrich Schiller: Über Bürgers Gedichte, zitiert nach: Dörr, Volker C.: Weimarer Klassik. Wilhelm Fink Verlag, Paderborn, 2007.

Schlegel, Friedrich: Kritische Friedrich-Schlegel-Ausgabe. Hrsg. von Ernst Beutler. Fünfter Band: Dichtungen. Hrsg. von Hahns Eichner. München u. a. 1962.

Hans Magnus Enzenberger: Festgemauer aber entbehrlich. Warum ich Schillers berühmte Balladen wegließ. In: Die Zeit, Nr. 44, 28. Oktober 1966.

Jacob Grimm: Rede auf Schiller. Gehalten in der feierlichen Sitzung der Königlichen Akademie der Wissenschaften am 10. November 1859. Ferdinand Dümmlers Verlagsbuchhandlung, Berlin, 1859.

Robert Hippe: Erläuterungen zu Friedrich Schillers »Lied von der Glocke«. Bange, Hollfeld, 1966.

Wilhelm von Humboldt, Friedrich Schiller: Briefwechsel zwischen Schiller und Wilhelm v. Humboldt. Mit einer Vorerinnerung über Schiller und den Gang seiner Geistesentwicklung. Cottasche Verlagsbuchhandlung, Stuttgart, 1830.

Christian Gottfried Körner, Friedrich Schiller: Schillers Briefwechsel mit Körner. Von 1784 bis zum Tode Schillers. 4. Band. Verlag von Veit und Comp., Berlin, 1847.

Friedrich Schiller: Schillers Werke. Nationalausgabe. Zweiter Band Teil II B: Gedichte. Hrsg. von Georg Kurscheidt und Norbert Oellers. Weimar 1993.

Marcel Reich-Ranicki: Kein Lied mehr von der Glocke. In: Die Zeit, Nr. 37, 9. September 1966

Schlegel, Caroline: Briefe aus der Frühromantik. Nach Georg Waitz vermehrt hrsg. von Erich Schmidt. Leipzig 1913.

Wulf Segebrecht: Insel-Glocke. In: Frankfurter Allgemeine Zeitung, 25./26. Mai 1967.

Wulf Segebrecht: Was Schillers Glocke geschlagen hat. Vom Nachklang und Widerhall des meistparodierten deutschen Gedichts. Hanser, München, 2005.

David Friedrich Strauß: Der alte und der neue Glaube. 3. Auflage. Verlag von S. Hirzel, Leipzig, 1872.

Bertold Brecht: Über Klassiker. Ausgewählt von Siegfried Unseld, Frankfurt a. M., 1965, S. 85ff.

Caroline von Wolzogen: Schillers Leben. Verfasst aus Erinnerungen der Familie, seinen eigenen Briefen und den Nachrichten seines Freundes Körner, Stuttgart, 1830.